MARC SANGNIER

LA CRISE
de l'Idée Républicaine

Discours prononcé aux Sociétés Savantes
le 15 Décembre 1911
suivi des réponses aux contradicteurs

(COMPTE-RENDU STÉNOGRAPHIQUE)

Éditions de ★ LA DEMOCRATIE ★
32, 34, Boulevard Raspail

La crise de l'Idée Repub'icaine

Discours

de MARC SANGNIER

Hier, camarades, se passait à la Chambre des députés une scène dont notre enceinte parlementaire n'est, hélas ! pas assez souvent témoin. Tandis que montait à la tribune un homme dont le parti est, lui, de la minorité de la Chambre, la foule des députés s'empressait à l'applaudir, avant même qu'il n'eût pris la parole ; et pour bien marquer que cette sympathie se prolongeait au-delà même de ce témoignage confraternel d'une estime et d'une admiration bien naturelles, les principaux passages du discours de cet orateur étaient soulignés par de fréquents et chaleureux applaudissements.

Sans doute, quelques instants après, la Chambre des députés devait prouver par son vote quelle ne se ralliait aux conclusions de celui qu'elle estimait et applaudissait tant ; mais n'était-ce pas cependant un témoignage intéressant d'unanimité morale que celui de cette longue ovation faite par la Chambre au comte Albert de Mun ? Je crois, camarades, que trop rarement, hélas ! nous assistons à de pareils spectacles; que trop peu de têtes semblent dominer les conflits des partis qui se font la guerre et des coteries déchaînées les unes contre les autres; que trop peu de politiciens apparaissent comme appartenant non seulement au parti d'où ils sortent mais à la France tout entière. Et, en lisant ce matin dans la presse le récit de cet instant remarquable de notre histoire parlementaire, j'étais étonné et réconforté par l'unanimité même des éloges qui étaient décernés au grand orateur catholique, depuis la *Bataille syndicaliste* jusqu'à l'*Action française,* en passant par l'*Humanité.* Tous affirmaient qu'il y avait dans la valeur morale et dans le talent d'Albert de Mun quelque chose dont la France entière avait raison d'être fière. Et je me disais tristement, camarades : « Comment se fait-il donc que cet homme dont on approuve les raisons et dont on discute même celles auxquelles on ne se range pas, comment se fait-il que cet homme, lui, et ceux qui lui ressemblent, soit considéré aujourd'hui par le parti républicain au pouvoir, comme un étranger, que dis-je, comme un ennemi ? Comment se fait-il que cette sympathie, qui va jusqu'à l'applaudissement, n'aille pas jusqu'à cette estime complète qui permettrait une collaboration féconde, sur le terrain d'une République ouverte à tous, entre ceux qui sont l'honneur de la France ? Comment se fait-il enfin que la République, depuis tant d'années déjà qu'elle est instituée dans notre pays, ait toujours la figure et l'allure d'un parti au pouvoir, luttant contre des adversaires de partis, et qu'elle ne soit pas encore l'expression de la France réconciliée dans la poursuite d'un but commun, noble et généreux, d'amélioration sociale et dans l'accomplissement d'une tâche grande et féconde devant l'Europe et le monde tout entier ? »

Certes, c'est ce qui fait l'infériorité de notre régime républicain si on le compare aux autres régimes qui sont ceux des diverses nations de l'Europe. Ailleurs, en Angleterre, en Allemagne, par exemple, en Amérique aussi — qui cependant vit sous le régime républicain — on considère que tous les citoyens, ou presque tous, sont d'accord sur quelque chose : sur l'amour du pays, d'une part, et sur le loyalisme constitutionnel, d'autre part. En Allemagne, en Amérique, catholiques ou protestants, conservateurs ou démocrates, je dirai volontiers socialistes mêmes, sont d'avis que, s'ils doivent lutter les uns contre les autres, ils ne peuvent le faire que dans le cadre actuel que déterminent la patrie et l'organisation politique du pays qui est le leur.

En France, hélas ! il en va tout autrement ;

et une coterie au pouvoir semble à elle seule accaparer le régime politique, si bien que la France gouvernementale et officielle se trouve du même coup privée d'un grand nombre de concours éminemment utiles, — pour ne pas dire absolument nécessaires, — et que nous n'avons qu'une clientèle appauvrie, diminuée en nombre et en force, qui soit à même, par le jeu méchant de la politique contemporaine, de travailler effectivement au bien politique de notre pays.

Je crois, quant à moi, que c'est là qu'il faut chercher la source de cette crise républicaine dont on nous entretient sans cesse dans tous les journaux, dans toutes les revues, dans les discussions de tous les partis. « La République traverse une crise ! » Ah ! ce ne sont pas seulement, camarades, les ennemis du régime qui prononcent ces paroles ; je dirai que ce sont peut-être plus volontiers encore tous ceux qui réfléchissent dans les milieux au pouvoir ; c'est toute la nouvelle génération de jeunes républicains pour qui la République ne peut pas apparaître comme un parti dont le seul but est de conquérir le pouvoir, puisque ceux-là sont nés la République dominant déjà le pays et étant installée au pouvoir. Les uns comme les autres se demandent d'où vient cet étrange malaise et comment il se fait qu'alors que la République semble mieux assise que jamais, elle apparaît aussi moins aimée que jamais. Car il ne faut pas nous y tromper : ce ne sont pas les assauts bruyants des néo-monarchistes, ni les imprécations tapageuses de certains libertaires syndicalistes révolutionnaires qui parviendront jamais à mettre en péril la République ; mais ce sera bien plutôt peut-être cette sorte de désaffection de la masse républicaine elle-même, cette sorte de triste habitude de ne plus rien voir de sacré ni de digne d'amour dans la République, cette sorte de dégoût de la clientèle au pouvoir qui incarne depuis trop longtemps la République alors qu'elle incapable d'en représenter l'idéal. Il y a eu, hélas ! trop de scandales... Je ne voudrais pas insister sur ces derniers scandales qui amenaient le directeur d'un de nos journaux politiques les plus influents, un des arbitres des ministres, dans une prison peu glorieuse. (*Sourires*) ; mais je ne puis pas cependant ne pas constater que l'on se déshabitue, lorsqu'on veut chercher des exemples d'héroïsme, de grandeur morale, d'intrépidité intellectuelle, que l'on se déshabitue, dis-je, de regarder en haut, dans les sphères officielles, et que l'on cherche plutôt au contraire parmi les persécutés du jour, comme si le pouvoir était tellement distinct de la vertu que la vertu fût une condition suffisante pour ne jamais arriver au pouvoir.

Mais, camarades, si nous réfléchissons, nous nous apercevrons aisément que la République est, de toutes les organisations politiques, celle qui exige le plus d'autorité morale. Ah ! je sais que ceci peut sembler à certains paradoxal, et que l'on a coutume au contraire de représenter les républicains et les démocrates comme des hommes qui font fi de l'autorité, qui n'en ont pas besoin et qui laissent au vent tumultueux des majorités éphémères le soin de destiner des lois et de l'avenir du pays. Il n'en est rien, au contraire, pour un républicain véritable. Celui-ci doit chercher à fortifier et à asseoir, chaque jour davantage, le principe d'autorité dans la mesure même où cette autorité étant plus morale est moins soutenue extérieurement par le pouvoir matériel qui s'attache davantage aux organisations monarchiques ou aux organisations dictatoriales.

Dans une République, il faut donc, de toute nécessité, qu'il y ait un certain nombre d'idées admises par tous, qu'il y ait un fonds commun sur quoi puisse s'appuyer toute la législation et tout le progrès social, qu'il y ait en un mot une unité de justice admise unanimement par tous les citoyens. La loi doit être, en République, d'autant plus forte qu'elle n'est pas ici l'expression de la volonté d'un seul, qu'elle n'est pas ici la précision du caprice d'un tyran autoritaire, qu'elle est au contraire — non seulement, ce qui serait peu de chose, l'expression de la volonté générale, — mais l'expression même d'une justice et d'une fraternité qui s'imposent à la volonté générale et que cette volonté générale a le devoir de découvrir. De découvrir et non pas de créer, car ce n'est pas l'unanimité numérique qui peut créer la justice, elle peut simplement servir de moyen pour la découvrir, pour la préciser, pour la promulguer sous forme de législation.(*Applaudissements.*)

Or, camarades, réfléchissons une seconde, sans parti-pris; et demandons-nous si cette conception de la loi est bien celle de notre République contemporaine.

Que faudrait-il pour qu'il en fût ainsi?

Mais tout dabord qu'il n'y eût pas une seule loi, entendez-vous bien? qui pût blesser la conscience d'un seul de nos concitoyens. Lorsqu'il s'agisait, il y a quelques mois, au Parlement, d'une simple loi se proposant de régler la façon dont les députés seraient élus, lorsqu'on discutait sur la représentation proportionnelle ou sur son succédané diminué, amoindri, à l'usage des radicaux au pouvoir, la représentation des minorités, vous savez que tout d'un coup les républicains du bloc se sont mis d'accord sur ceci que la loi ne serait pas faite si elle n'était approuvée par tous les républicains officiels. Il ne s'agissait pas de savoir si la loi aurait une majorité dans le Parlement ou dans le pays, bien moins encore dans le pays ! Il ne s'agissait même pas de savoir si cette loi paraissait étrangement juste à ceux qui l'avaient proposée et qui, étant en majorité dans le Parlement, se sentaient capables de la faire voter !... Non; il fallait avant tout que cette loi ne blessât aucun des républicains officiels du bloc ! En dehors de cette condition, les proportionnalistes blocards s'engageaient à ne jamais voter la loi.

Eh bien ! je trouve quant à moi étrange, camarades, que l'on ait tant de scrupules pour faire aboutir une loi qui après tout ne regarde que des intérêts... secondaires à coté de certains autres qui touchent plus intimement aux œuvres vives de la conscience humaine; et que l'on n'ait pas eu cette simple idée de dire : « Avant de toucher à ce qui peut avoir une répercussion sur la liberté de la conscience morale ou de la conscience religieuse de nos concitoyens, avant de traiter cette question complexe qui touche à l'Eglise, qui touche à la vie des congrégations religieuses, il faudra que nous nous assurions d'une sorte d'accord tout au moins tacite entre les Français des diverses opinions philosophiques ou des diverses confessions religieuses; il ne s'agit pas de

savoir si nous sommes la majorité numérique au Parlement ni même dans le pays; il
faut avant tout que nous ne fassions pas de
la République quelque chose qui puisse froisser la conscience même d'un seul de nos concitoyens. (*Applaudissements.*)

Or, camarades, vous l'avez vu comme moi :
ce n'est pas ainsi qu'on a coutume d'agir dans
les sphères gouvernementales. On a fait lois
de la République bien des propositions qui
n'ont pas recueilli cette sorte d'adhésion. Et
quel en fut le résultat ? C'est que, hélas ! la
loi a perdu ce caractère sacré que surtout en
République elle doit avoir devant l'ensemble
du pays; c'est que, lorsqu'un homme est em-
mené en prison, entre deux gendarmes, il
n'apparaît plu maintenant à tous les Français que cet homme soit nécessairement
un véritable coupable. Et je ne parle pas
ici seulement des catholiques ou des prêtres
qui ont été emmenés sous pareille escorte
dans les prisons de la République; mais je
parle aussi de certains syndicalistes, de cer-
t ins ouvriers révolutionnaires qui ont é'é eux
aussi produits devant le peuple dans cet appa-
reil, à la fois poursuivis par les agents du pouvoir et exaltés par l'unanimité de leurs amis
et de leurs partisans.

De la sorte, camarades, il est impossible
que nous ne constations pas que la majesté

de la loi est aujourd'hui quelque chose de nature à faire sourire tous ceux devant qui on en parle ; nous ne trouvons plus ce caractère sacré indispensable à la loi républicaine qui, après tout, ne se défend d'une façon sérieuse et solide que si elle s'appuie sur l'unanime consentement de tous les citoyens et, je dirais, sur le consentement privilégié des meilleurs, des plus vertueux et des plus dévoués de nos concitoyens.

*

* *

Ce n'est pas tout, camarades ; il ne suffit pas que la République soit vraiment à nos yeux ce qu'elle doit être et ce sans quoi elle n'est, hélas ! que quelque chose de faible, pour ne pas dire d'éphémère ; il ne suffit pas que la République s'appuie sur une sorte moins sa législation et de conserver à la loi son caractère sacré. Il faut encore que la République soit l'expression même des aspirations sociales de nos contemporains.

Or, nous assistons à un pénible divorce entre l'idée sociale et l'idée politique républicaine. Vous savez comme moi, camarades, que dans les milieux syndicalistes, de plus en plus, on veut séparer la politique du syndicalisme, l'action sociale de l'action politique. Je dis qu'en théorie on a complètement et absolument tort ; et voici pourquoi.

Qu'est-ce que la politique, camarades, dans une nation comme la nôtre, sinon justement la mise en œuvre de toutes les forces en vue du bien commun, en vue du progrès le meilleur à réaliser pour le bien de chacun ? et peut-on véritablement concevoir une politique républicaine qui ne serait pas sociale ? Ah ! je le sais, trop souvent, hélas ! les politiciens se sont moqués de la crédulité populaire. Et les milieux syndicalistes français ont bien raison de constater qu'on a fait appel à leur dévouement, qu'on a fait appel aux forces de nombre et d'énergie du prolétariat pour des œuvres qui n'avaient rien à voir avec la vie même et le progrès du prolétariat français; qu'on a essayé en particulier de faire croire au peuple de France qu'il était nécessaire, avant de commencer à étudier même la question sociale, de détruire l'influence de l'Eglise et que cette préface anticléricale était indispensablement celle du grand livre où seraient écrits les progrès de la démocratie prolétarienne. Vous savez qu'aujourd'hui il commence à s'apercevoir de la duperie; et que les moins sympathiques même à l'idée religieuse, les moins sympathiques à tout idéalisme, ne sont pas les derniers à dire aux radicaux au pouvoir qu'ils ont trompé le peuple en détournant ses ardeurs batailleuses contre le pauvre prêtre et l'humble religieux et en le jetant sur ceux-là avant d'essayer d'améliorer sa propre situation matérielle. Cela, camarades, est vrai, indiscutablement vrai. Seulement, où je crois que non seulemnet on a passé la mesure mais suivi une route fausse, c'est lorsqu'on a profité de cette triste expérience pour prétendre qu'il fallait que le prolétariat syndicaliste se désintéressât de toute politique, qu'il fallait que les ouvriers s'occupassent uniquement d'améliorer leur sort dans les cadres de la vie professionnelle et prissent bien soin de ne jamais mettre le pied sur le terrain réservé de la politique.

Qu'était-ce, camarades, que faire cela ? C'était justement appauvrir la politique républicaine de tout son contenu démocratique et social; et c'était, du même coup, permettre à notre pays d'être officiellement représenté par des hommes incapables de satisfaire les besoins les plus profonds du prolétariat français contemporain.

S'il s'agit, à un autre bout de l'horizon, de la question religieuse et de la question politique, là encore nous rencontrons quelque chose danalogue. Nous voyons bien souvent des hommes qui disent : « La politique nous répugne; la politique est essentiellement dégoûtante; par conséquent, il ne faut pas nous salir les mains en y touchant. Il faut organiser des œuvres déducation populaire; il faut travailler à développer l'idéal religieux tout autour de nous, mais il ne faut jamais toucher à rien de ce qui peut ressembler à la politique. »

Qu'advient-il alors ? C'est que, de la sorte, si tous ceux qui ont un idéal moral au cœur, si tous ceux qui ont un idéal de transformation économique dans l'esprit s'éloignent de la politique, celle-ci reste accaparée par les moins capables de faire de la politique, c'est-à-dire par ceux qui, n'ayant ni idéal moral, ni vue d'avenir social, font de la politique un métier lucratif et se servent de la politique au lieu de la servir en vue des intérêts généraux du pays. (*Vifs applaudissements.*)

C'est peut-être, camarades, parce que justement, d'une part, la république officielle actuelle a laissé déchoir l'idée de justice en proposant au peuple des lois qui froissent la conscience des meilleurs de nos concitoyens, et, d'autre part, parce que la politique s'est trouvée déchue de son rôle naturel d'organisatrice du mieux-être social, d'organisatrice même de cet effort particulier non seulement dans la voie du bien-être matériel mais encore dans la voie de la conscience et de la responsabilité économiques, c'est peut-être pour cela que la République s'est trouvée comme un vaste corps sans âme,

que la République, qui n'est plus sérieusement discutée en France, s'est trouvée du
même coup comme un colosse anémié tom-
bant d'inanition, n'ayant plus de sang généreux dans ses veines, plus d'éclat dans son
regard, plus de but dans l'action quotidienne.
(*Applaudissements*)

*

* *

Camarades, pendant longtemps, il faut bien
le dire, le seul but des républicains a été de
faire la République. Ah ! que la République,
a-t-on dit, était belle sous l'Empire ! Et l'on
n'avait pas tort. Une fois qu'ils ont eu fait
la République, le but des républicains a été
de la garder, de la défendre.

Vous avez entendu comme moi parler de
la défense républicaine : ça a été la vieille
romance qui a permis à bien des ministres
de montrer leurs talents variés de vocalise.
(*Sourires.*)

Puis, lorsque la République, enfin instituée
dans le pays et nulle part sérieusement discutée, a été à même ou aurait dû être à
même de montrer vraiment ce qu'elle était
capable de faire, alors, elle s'est trouvée comme gênée de sa puissance et elle n'a pas fait
grand'chose. Les générations nouvelles, qui
sortaient d'elle, se sont au contraire dégoû-
tées de cette mère incapable et ont cherché,

les uns avec inquiétude, les autres seulement avec curiosité d'où pouvait venir ce malaise et quelle était l'origine de la crise de l'idée republicaine.

Seulement, camarades, si nous voulons que la République tienne hautes et fermes ces deux idées de justice et de fraternité, si nous entendons que la République soit pour tous les Français le large terrain de la réconciliation nationale, ah! camarades, il faut que cette république jouisse d'une santé morale suffisante; il faut qu'elle ait encore un but à poursuivre et il ne suffit pas qu'elle existe ; il faut qu'elle sache pourquoi elle existe.

Malheureusement, la plupart des républicains officiels au pouvoir, lorsque vous leur posez une semblable question, sont bien embarrassés pour vous répondre; et ils seraient plutôt d'avis que, si la République existe, c'est pour qu'ils soient au pouvoir et que, s'ils sont au pouvoir, c'est bien pour que la République existe; ils ne sortent pas de ce dilemme, qui n'est guère qu'une cacologie.

Voilà pourquoi beaucoup d'hommes, aujourd'hui, en sont arrivés à cette désillusion qui leur fait dire que l'expérience est faite maintenant et que la République ne peut apporter à notre pays que de la médiocrité, que de la désunion et qu'une lente décadence, d'autant plus pénible qu'elle est plus lente.

Contre ces aphorismes de découragement et, je ne crains pas de le dire, de lâcheté, nous protestons, camarades, avec la dernière énergie ! Nous protestons; car nous n'acceptons pas que l'on dise que l'expérience est déjà faite puisqu'au contraire il nous apparaît que jamais l'expérience n'a été faite, la République n'ayant jamais eu à sa disposition toutes les forces vives de la nation comme la monarchie les avait eues autrefois pendant tant de siècles.

Si l'on veut comparer notre république d'aujourd'hui à la royauté, il faut, non pas la comparer à cette période où la France avait un loyalisme monarchique suffisant pour que, comme naturellement, toutes les forces vives du pays vinssent se couler dans le régime national de la monarchie, mais il faut comparer notre République actuelle à l'état chaotique où se trouvait le pouvoir avant même le régime féodal, lorsque le roi n'était encore qu'une espérance, n'était encore qu'une étoile vue par quelques yeux seulement et vers laquelle s'orientaient quelques Français au milieu du chaos et des ténèbres universelles. (*Applaudissements.*)

Eh bien ! camarades, d'une façon différente mais réelle cependant, nous sommes dans un chaos presque analogue. Aujourd'hui, la

France cherche encore son âme. Combien de fois, camarades, ne l'a-t-elle pas cherchée au cours des siècles passés? Et je dirai même qu'elle ne l'a pas toujours trouvée là où les monarchistes se plaisent à nous dire qu'elle réside comme par une sorte de droit divin. Je me souviens qu'il fut une époque, où pendant bien des mois, bien des années, la France cherchait en vain son âme du côté des rois qui, entourés de courtisans, s'amusaient tandis que l'Anglais envahissait le royaume ; et que la France ne l'a pas retrouvée, son âme, dans la poitrine d'un monarque, mais dans le cœur d'une pauvre petite bergère, de notre grande Lorraine, Jeanne d'Arc. (*Vifs applaudissements.*)

Aujourd'hui encore, la France cherche son âme. Pourquoi ne la retrouverait-elle pas dans la bonne volonté agissante des plus humbles mais des plus dévoués et des plus passionnés des jeunes républicains d'aujourd'hui ?...

Non, camarades, l'expérience n'a pas été faite parce que jamais la République n'a pu utiliser pour des œuvres de justice et de fraternité les forces morales que le grand Pape Léon XIII voulut lui jeter dans un geste auguste et paternel.

Vous savez quel fut l'échec du Ralliement, et vous savez qu'aujourd'hui il est de mise de dire que la pensée sublime du règne de Léon XIII est tout entière et pour toujours enfermée dans le tombeau où gît son corps. Je ne crois pas qu'il en soit ainsi ; je suis convaincu, au contraire, que l'œuvre du Ralliement était une de ces œuvres à longue échéance qui ne peuvent tout d'abord qu'échouer et que mourir, mais comme la graine qui meurt dans le sol pour produire l'épi fécond dont on ne jouit que plus tard. (*Applaudissements.*)

Pourquoi, camarades ? Mais parce qu'il n'était pas raisonnable d'espérer que des hommes nourris dans la haine de la République, dans le mépris des institutions républicaines et capables seulement d'attacher leur patriotisme aux formes anciennes — et glorieuses, je n'en disconviens pas — de la patrie, que ces hommes pussent, par obéissance filiale et religieuse au Pape, changer tout d'un coup leur tempérament, leur façon de penser, de juger, et le long atavisme qui demeurait en eux. Cela n'était pas possible. Ce que le Pape pouvait faire, c'était de briser des liens; c'était de libérer des consciences; c'était d'ouvrir une voie aux générations montantes. Il ne pouvait pas faire autre chose; et si jamais, au Vatican, à cette époque, on a cru que l'on pouvait arriver à une rapide union avec les modérés, les progressistes, les mélinistes, j'imagine que l'on s'est étrangement trompé.

Ce que l'on pouvait faire, c'était de permettre à une génération de naître et de grandir, qui ne se croirait plus forcée, pour aimer la France et pour chérir l'Eglise, de rejeter la République et qui, au contraire, — et c'était l'image même dont on se servait si souvent alors que j'étais encore un collégien, — aurait au cœur cette invincible espérance que de même que, avec Clovis, la monarchie avait été baptisée au baptistère de Reims, on allait bientôt assister, au seuil des temps vraiment nouveaux, au baptême glorieux de la Démocratie et de la République.

Eh bien ! camarades, ces vieilles idées, qui paraissent un peu surannées, tout au moins dans leur forme, et qui risquent de ne plus faire que sourire aujourd'hui, sont cependant celles qui, peut-être, ont permis de détruire et de briser cette trop longue équivoque : à savoir, que les catholiques n'avaient pas le droit, comme tous les citoyens, sur le terrain de la République, sur le terrain de la Démocratie, de travailler en une féconde émulation avec leurs frères non-catholiques au bien de la cité terrestre.

Je crois, quant à moi, que si jamais la République retrouve ce fécond idéalisme dont elle ne peut se passer, que si jamais ce divorce cruel entre l'idée religieuse et l'idée démocratique vient à cesser, il ne sera pas superflu — ce ne sera même que justice — de jeter vers le passé un regard reconnaissant et de saluer la figure du grand Pape Léon XIII, que les calomnies ont bien pu essayer d'atteindre mais sans y parvenir, et qui sera peut-être plus grand dans cent ans qu'il ne l'a été au moment même ou il a vécu et où il est mort. (*Applaudissements.*)

*

* *

Oui ! camarades; il y a encore, vous le savez, des hommes qui ont confiance dans l'idée républicaine; il y a encore des hommes qui savent que la République n'a pas donné tout ce qu'elle était capable de donner et qui attendent beaucoup du jour où les catholiques, les chrétiens, les idéalistes, ceux même seulement qui mettent les problèmes et les questions morales au-dessus de tout, pourront librement et généreusement travailler sur le terrain de la République.

Je comprends, camarades, que des hommes comme M. Sembat puissent signaler avec inquiétude la crise de l'idée républicaine et puissent affirmer que si l'on ne présente, en face de l'idée monarchiste, rien de coordonné, rien de fort et rien de puissant, l'idée monarchiste pourra finir par l'emporter. Je suis heureux que ce soit M. Sembat, un socialiste unifié, qui tienne ce langage, car je crois, quant à moi, fermement, que si l'idée républicaine n'était défendue que par l'orthodoxie intransigeante, la pauvre orthodoxie morale et philosophique du socialisme unifié, l'idée républicaine serait vite écrasée dans l'œuf par le pied du peuple français. (*Applaudissements.*)

Mais je suis heureux également que, lorsque dans une réunion de néo-monarchistes, lors d'un congrès qui eut lieu il y a quelques jours, quelqu'un vint dire à la tribune qu'il n'y avait plus aujourd'hui personne en France qui crût encore à la puissance de l'idée républicaine, immédiatement cet orateur fut salué autant par les applaudissements de ses amis que par leurs cris de « A bas Marc Sangnier ! A bas *La Démocratie* ! » C'est un éloquent hommage à cette vérité qu'il y avait encore en France des hommes qui croyaient à la République, et c'était du même coup désigner quels étaient ces hommes. (*Vifs applaudissements.*) On avait encensé M. Sembat pour sa franchise et l'on nous conspuait pour la nôtre; et l'on avait deux fois raison, tout simplement. (*Vifs applaudissements.*)

Seulement, camarades, et j'insiste sur ce point — car c'est là sans doute la partie la plus importante et la plus urgente de mon discours— seulement, camarades, il ne suffit pas de parler d'idéal républicain; il faut vraiment que la République corresponde à cet idéal. Il ne suffit pas de manifestations verbales; il faut des manifestations plus pratiques, plus positives, plus réelles. Voilà pourquoi j'ai grande hâte de reprendre, dans quelques semaines, la parole, non plus pour une réunion de cette nature, mais pour une réunion de la Ligue politique et économique que nous avons résolu de fonder. Car je crois qu'ils sont nombreux, en France, ceux qui pensent, sentent, veulent comme nous. Je crois même, et j'espère le démontrer bientôt d'une façon péremptoire, que le programme de cette République démocratique est tout fait déjà, qu'il n'y a qu'à en rassembler les éléments. Je crois enfin que la génération nouvelle n'est pas toute révolutionnaire ou toute monarchiste, mais qu'elle est en immense majorité républicaine et démocratique, seulement qu'elle ne veut pas de cette troisième république qui la dégoûte ou qui la fait sourire, et qu'elle rêve d'une quatrième république qui serait la sienne, qu'elle aurait le courage de fonder et de faire vivre et d'animer du souffle intérieur qu'elle a en elle. (*Applaudissements*)

Voilà, camarades, ce que, sérieusement, je crois; et voilà pourquoi j'espère que nous pourrons bientôt compter sur votre agissante sympathie lorsqu'il s'agira de faire une besogne plus pratique, plus précise, plus pressante.

Assez de manifestations oratoires, mais une organisation à la fois politique et économique, permettant de réunir et de grouper autour d'un centre agissant tant de bonnes volontés qui se cherchent et qui ne se rencontrent que parfois, dans des meetings comme celui-ci, sans avoir entre elles les liens permanents qui seraient nécessaires pour assurer le fonctionnement de quelque chose de vraiment fécond et de vraiment utile !

Je crois, camarades, que nous serons étonnés de la répercussion que ce simple et si naturel effort pourra avoir dans le pays. Je suis convaincu que, bientôt, personne ne pourra plus parler de la crise de l'idée républicaine sans tourner instinctivement les yeux vers ceux qui se sentent la force de résoudre cette crise, vers les républicains qui voient clair et qui savent où ils vont.

Car c'est là, camarades, et nous avons bien le droit d'affirmer, ce qui, malgré bien des calomnies ou des équivoques, caractérise l'effort de nos amis : c'est qu'ils voient clair et qu'ils savent où ils vont.

Oui ! camarades. Voir clair, cela ne veut pas dire : apporter un système cérébral tout construit à l'avance; cela ne veut pas dire : imposer des dissertations de pion furibond (*sourires*) aux auditoires qui vous écoutent; cela ne veut pas dire : imposer je ne sais quelles diversions purement intellectuelles au lieu de l'observation féconde et pratique des faits quotidiens. Non ! Voir clair, cela veut dire : connaître son pays, plus encore peut-être par ce tact intime que par des raisons abstraites et lointaines ; voir clair, cela veut dire : voir non seulement autour de soi, mais voir en soi-même; cela veut dire : tenir compte non seulement des exemples du passé, mais des intuitions de l'avenir; cela veut dire : être traditionnaliste en ce sens que l'on sait que la tradition, ce n'est pas quelque chose qui s'arrête comme frappé à mort, mais c'est une chaîne qui continue, dont on est un anneau, c'est-à-dire que l'on doit bien sans doute rester fixé à ceux qui précèdent, mais non moins résolument attaché à ceux qui suivent. (*Applaudisements*)

Voilà, camarades, ce que c'est que voir clair. Savoir où l'on va, c'est plus que voir clair, c'est plus que voir le temps présent : savoir où l'on va, c'est, d'une certaine façon, pressentir l'avenir. C'est d'abord le vouloir dans le sens même des aspirations les plus profondes de l'âme populaire; c'est le vouloir assez pour être capables de se sacrifier à cet effort. Et je crois que nous avons bien raison de dire que nos amis savent voir clair et savent où ils vont.

Camarades, j'en ai dit assez aujourd'hui. Je soumets avec confiance cet exposé, que j'ai essayé de faire le plus clair possible, aux contradictions qui vont bientôt se présenter. Je vous fais remarquer, encore une fois, qu'il ne s'est pas agi pour moi, ce soir, de vous apporter un programme politique détaillé. Dans quelques semaines, nous le ferons, surabondamment peut-être pour nos contradicteurs et pour nos adversaires. J'ai seulement, aujourd'hui, voulu vous dire comment il nous semble que la crise de l'idée républicaine provient de ce que la République ne s'est pas montrée assez large et assez compréhensive pour servir de trait d'union à toutes les précieuses énergies françaises; comment, d'autre part, étant un parti encore étroit et fermé, elle n'a pas été, elle n'a pas pu être aux yeux du pays l'expression de la justice et de la fraternité la plus haute et la plus agissante; et comment enfin il nous semble qu'il y a, dans la jeune génération républicaine d'aujourd'hui, ce qui permettra de résoudre la crise, — je veux dire : la vue qui découvre nettement l'avenir et est capable de le rattacher au passé et l'énergie qui fait que, lorsque l'on a vu le but, on n'a de cesse que lorsque ce but est atteint, qu'on y use sa vie sans que la foi chancelle dans le cœur si l'on n'a pas touché ce but, parce qu'on sait que les vies se succèdent les unes aux autres et que, si nous commençons la tâche, d'autres viendront qui la continueront et qui l'achèveront enfin. (*Appaudissements vifs et prolongés.*)

Réponses de Marc Sangnier aux contradicteurs

La politique et la religion ont des zónes mixtes

Après l'intervention très brève d'un partisan de don Jaime de Bourbon qui veut que les « Camelots du Roi » soient appelés « orléanistes » et non royalistes, M. PAUL RAZONS, ancien secrétaire de M. Lafferre, ministre du travail dans le cabinet Briand, monte à la tribune. Voici toute la partie principale de son intervention :

Je crois que la paix sociale arriverait en France, si l'on savait séparer, notamment, l'action politique de l'action religieuse.

L'action religieuse est quelque chose qui fait partie de notre conscience individuelle, qui nous dicte la conduite à tenir. Ce qu'il faudrait, au contraire, ce serait une séparation complète entre les questions d'ordre politique et les questions religieuses. Il faudrait que les éléments républicains — et j'en suis — de cette république prennent la décision formelle de traiter dans les réunions publiques des questions d'ordre économique ou politique et de ne jamais traiter la question religieuse. *(Quelques applaudissements.)*

Il faudrait également que, de l'autre côté, où il y a des cerveaux pleins de bon sens, des cerveaux qui peuvent prendre dans leur croyance un idéal magnifique, il faudrait aussi que de ce côté-là, ils imitent la même réserve, que nous autres, nous voudrions voir s'établir dans les réunions politiques.

Alors, ce ne sera peut-être pas une union complète de toutes les âmes, mais nous serions peut-être arrivés à éliminer un des différends qui surgissent dans notre France, car on entend toujours ces deux mots qui ne font que diviser : clérical et anticlérical. Partout, dans les réunions publiques comme dans la rue, on se jette ces mots à la face. C'est une chose qui ne devrait pas exister, car chaque homme doit être libre de pratiquer et de croire ce qui correspond son idéal. (*Vifs applaudissements.*)

Chacun doit être libre de chercher dans la République que nous avons un gouvernement qui veuille le bien de tous, afin de montrer à tous les indifférents et à tous les hésitants qu'elle doit se placer au-dessus des compétitions de personnes et de partis pour n'envisager que l'intérêt national. (*Applaudissements.*)

Marc Sangnier répond en ces termes :

Mes chers camarades,

Je suis très heureux de répondre avec le plus de précision possible à la question — je dirai la question, et non pas la contradiction —qui vient de m'être apportée à cette tribune.

Je vous demande toute votre attention et toute votre indulgence; et cela d'autant plus qu'il faut bien que je vous fasse une petite confession : je suis moi-même ce soir extrêmement fatigué; avant-hier, j'ai eu à subir une petite mais assez pénible opération dans l'oreille, ce qui fait que je suis encore un peu comme dans un rêve lorsque je vous parle. Ce n'en est pas plus désagréable, mes chers camarades, (*sourires*), mais cela enlève quelque chose à l'impétuosité de l'éloquence... cela donne peut-être plus de maturité à la pensée (*rires*). Je vous demande donc toute votre indulgence (*applaudissements*) et toute votre bienveillante attention.

Séparer l'action politique de l'action religieuse, nous a-t-on dit, ne jamais traiter dans des assemblées politiques des questions religieuses, ne pas, lorsqu'on se rencontre dans la rue, s'invectiver en se traitant d clérical ou d'anticlérical ! [Sur ce dernier point, nous sommes complètement daccord : cela n'avance à rien qu'on se traite toujours de clérical ou d'anticlérical. C'est comme quand deux cochers de fiacre se disputent (*rires* ; ils se traitent d'assassin, de vendu, ils s'accusent des crimes les plus épouvantables; cela ne veut pas dire qu'il croient que l'un d'eux ait assassiné ou que l'autre ait vendu je ne sais quoi (*rires*). Cela veut simplement dire qu'ils ne sont pas d'accord. De même lorsqu'on n'est pas d'accord avec quelqu'un, on le traite de clérical ou d'anti-clérical. (*Rires.*)

Je me permettrai cependant de faire remarquer à celui que vous venez d'entendre que l'on ne pourra arriver à cette tolérance pratique dont les Etats-Unis donnent un si grand, un si magnifique exemple — exemple que les libres-penseurs aussi bien que le pape Pie X lui-même sont d'accord pour célébrer — on ne pourra, dis-je, arriver à ce résultat que le jour où l'on considérera les choses d'un point de vue que je me permettrai d'appeler réaliste.

Quel est ce point de vue ? Il consiste à voir les choses religieuses, non pas au point de vue de ce qu'il vous semble qu'elles devraient être, mais au point de vue des réalités positives, au point de vue du fait. Par exemple, un catholique, s'il est vraiment catholique, croit que sa religion est divine; par conséquent, croit que c'est un devoir pour tous les hommes d'arriver à la connaissance de cette religion ou, tout au moins, croit qu'ils doivent y tendre. Un libre-penseur, pour qui la religion catholique n'est pas plus divine que n'importe quelle secte ou que n'importe quelle philosophie, croit, au contraire, qu'il faut que les hommes gardent leurs opinions religieuses ou philosophiques pour eux, quittes à s'en inspirer dans leur vie, et qu'il n'est nullement nécessaire, — au contraire, qu'il est même nuisible, — que s'organisent des sociétés spirituelles, avec leur discipline et leur hiérarchie, telles que l'Eglise catholique.

Qu'allons-nous faire au point de vue politique ? Est-ce que nous allons nous disputer ou simplement discuter à perte de vue sur ces points ? Est-ce que nous allons essayer de nous mettre d'accord sur le caractère de *société parfaite* de l'Eglise ? [Par là, je ne veux pas dire une société dont les membres sont impeccables, comme nous l'écrivait un de nos correspondants de *La Démocratie*. Parce que j'avais dit que l'Eglise est une société parfaite comme l'Etat, il m'écrivait : « Comment? vous dites que l'Eglise est une société parfaite? mais je connais un tas de curés qui ne le sont pas ! » (*Rires.*) Une société parfaite, cela veut dire une société autonome.]

L'Eglise est cela pour nous; l'Eglise n'a pas de permission à demander au gouvernement; l'Eglise existe de par un droit qui n'a rien de commun avec les autorisations des gouvernements puisque l'Eglise est pour nous d'institution divine.

Pour les libres-penseurs, au contraire, il n'y a d'autres sociétés que les sociétés civiles; et les sociétés religieuses n'ont aucun droit à l'existence, sinon le droit que la liberté individuelle de chacun de leurs membres leur apporte.

Qu'est-ce que nous allons faire ? Allons-nous discuter cela ? Non ! parce que si nous discutions cette question, cela reviendrait à rechercher si l'Egli e est d'institution divine; il est évident que si elle est d'institution divine, personne n'aura le toupet — permettez-moi le mot — de prétendre que si Dieu a créé une sociéte, il faut la signature de M. Fallières pour qu'elle existe. (*Sourires.*) Seulement, les libres-penseurs diront : « Nous ne croyons pas qu'il y a une société que Dieu a créée. » Les catholiques diront : « Li, nous le croyons, parce que Jésus-Christ était Dieu. » Les autres répondront : « Jésus-Christ n'était pas Dieu, c'était un grand sage, un grand philosophe », et nous arrivons en plein sur le terrain des discussions théologiques.

Qu'est-ce que nous allons faire ? Nous allons simplement considérer les faits : cette méthode réaliste, cette méthode positive est ici excellente.

Au point de vue politique, nous considérons qu'en fait, il y a en France des hommes qui sont catholiques et qui croient que leur Église est d'institution divine; des hommes qui sont libres-penseurs et qui croient qu'il faut laisser chacun libre de penser dans l'intimité de sa conscience ce qu'il veut; et puis des hommes qui sont protestants, qui croient à Jésus-Christ, mais qui ne croient pas qu'il y ait une église hiérarchisée comme l'Église catholique qui soit d'institution divine; puis d'autres confessions religieuses ou d'autres sectes religieuses différentes.

Si nous voulons la pacification, que faut-il donc ? Que l'on organise les choses de façon à éviter — et vous allez voir que c'est facile, nous allons prendre des exemples — tout ce qui, dans la pratique, soulèverait indûment des questions de théologie au sein même des questions de politique. Il faudra, non pas essayer de se mettre préalablement d'accord, mais tâcher de marcher sur le terrain d'une bonne politique et d'une bonne sociologie commune, avant de se mettre d'accord sur les questions d'ordre philosophique ou d'ordre théologique.

Mais, me direz-vous, ça ne sera jamais parfait, ce système-là ! ça n'est qu'un pis-aller ! Précisément, c'est le mot; ce n'est qu'un pis-aller. Je crois que si nous étions tous d'accord sur les questions religieuses ou sur la négation de la religion, nous arriverions à faire quelque chose de plus cohérent ; cela me paraît évident. Mais comme, ni les libres-penseurs honnêtes, ni les catholiques qui sont vraiment fidèles à l'esprit du fondateur de l'Eglise n'admettront jamais que l'on impose par la force une foi ou une négation, et comme nous sommes divisés, il faut bien que nous vivions divisés, avec le plus grand désir de ne plus l'être, mais avec le désir aussi, tant que nous serons divisés, de ramasser nos bonnes volontés sur les terrains où nous pouvons encore nous entendre pour faire le plus de bien à notre pays et à l'humanité toute entiere. (*Applaudissements.*)

Comment cela se traduira-t-i' ? En nous mettant au point de vue de nos adversaires religieux ou philosophiques lorsque nous voudrons traiter avec eux. Un exemple : Le gouvernement, après la séparation de l'Eglise et de l'Etat, veut donner un statut légal à l'Eglise ; rien de plus naturel, c'est évident. Le gouvernement dit : « Je veux donner un statut légal à l'Eglise, mais personne ne me forcera à me placer au point de vue de l'Eglise. » C'est idiot. (*Rires.*) Quand on veut donner un statut légal à quelqu'un, il faut se placer à son point de vue, sans quoi il ne pourra jamais s'asseoir dans le statut. C'est pourtant ce qu'on n'a pas fait.

Il aurait suffi de reconnaître l'existence du

Pape et des évêques, il aurait suffi de reconnaître la constitution de l'Eglise. Cela ne veut pas dire — entendez-le bien — : de l'imposer; cela ne veut pas dire : de la sanctionner au nom de l'Etat; cela veut dire : de la reconnaître comme un fait, de faire avec les catholiques de France ce que l'on est fier de faire avec les musulmans d'Algérie ou d'Afrique. (*Applaudissements.*)

Or la France a dit ,par la bouche même du président de la République, M. Fallières, lorsqu'il alla à Tunis, il y a peu de mois : « La France s'honore d'être la plus grande puissance musulmane du monde. » Pourquoi ne dirait-elle pas qu'elle s'honore d'être la plus grande puissance catholique dans le monde ? Mais elle ne le dira jamais... (*Rires et applaudissements*)

Remarquez-le bien, ce n'est pas simplement une difficulté verbale que je soulève sous les pas pesants de M. Fallières (*rires*), c'est quelque chose de bien plus grave, car, lorsque le gouvernement de la République française traite avec les Musulmans et avec les Arabes, on reconnaît à ceux-ci leur statut légal, on reconnaît leur organisation; et quand on va dans un pays que l'on colonise, on se hâte de reconnaître même Droit de Cité aux cultes les plus extraordinaires et aux manifesta-

tions les plus intempestives de la vie soli-
daire religieuse.

Un de nos amis, un protestant de Madagascar, me citait le fait suivant. Il y a des
evocations de morts que l'on fait à Madagascar dans les cultes religieux de ce pays. Il
paraît que c'est un mouvement extraordinaire
dans les bourgades. Ce sont des gens qui incarnent l'âme des vieux rois de Madagascar;
mais ils ne l'incarnent pas dans leur for
intérieur, ils incarnent cela très bruyam-
ment; la population en est troublée pendant
de longues semaines; tous se soulèvent en
danses, en processions, en supplications, en
imprécations. Un pasteur protestant me faisait remarquer que, dans ce même pays, il
était curieux que le gouverneur, M. Auga-
gneur, ait semblé prendre un plaisir spécial
à fermer les temples, à empêcher les écoles
protestantes de se développer en même temps
qu'il empêchait le développement des mis-
sions catholiques.

C'est cela que nous ne comprenons pas, et
nous demandons que les catholiques de France soient au moins traités en France avec
autant de déférence et de courtoisie que les
Arabes de Tunisie ou les Malgaches de Madagascar. (*Applaudissements.*)

Je ne reprendrai pas les sempiternels exemples dont je fatigue les oreilles de mes au-

ditoires en rappelant cette question des manuels scolaires. Pourquoi dire qu'un instituteur qui choisit spécialement les manuels condamnés par l'autorité épiscopale est plus républicain qu'un instituteur qui, pour ne pas froisser les élèves catholiques de sa classe, ne choisit pas les manuels condamnés par les évêques. En Amérique, jamais cela ne se ferait.

On dit : « Les républicains ne peuvent pas désarmer parce que les catholiques réactionnaires sont toujours menaçants. Qu'ils désarment et nous désarmerons ! »

Je dis : « Non. En politique comme lorsqu'il s'agit d'une bataille entre nations, ce sont toujours les vainqueurs qui ont le devoir de désarmer les premiers. » (*Applaudissements.*)

Si les républicains ne veulent pas désarmer, c'est parce qu'ils ne sont pas sûrs d'être victorieux. Du reste, je l'ai bien souvent remarqué, les républicains officiels sont, de tous les Français, ceux qui ont le moins de confiance dans la stabilité et dans la force de la République, parce qu'ils savent trop bien ce qu'ils valent, eux, qui représentent la République. (*Applaudissements.*)

C'est là, n'est-il pas vrai ? camarades, c'est dans ce changement d'esprit qu'est toute l'originalité de la réforme que nous proposons.

C'est là surtout ce que notre Ligue se proposera d'apporter au pays; car s'il s'agit de dire que l'on veut d'une République large, tolérante, ouverte à tous, mais beaucoup l'ont dit déjà depuis longtemps! beaucoup l'ont dit avant nous ! Ce qui est intéressant, c'est que ces propos soient tenus par des républicains non pas résignés, non pas conditionnels, mais convaincus, ardents, par des républicains de la jeune génération qui monte à la vie. Ce qui est intéressant, c'est qu'alors que les vieux républicains officiels parlent de crise républicaine et disent que le drapeau de la République pèse trop lourdement sur leurs épaules fatiguées, ce soit nous qui disions : « Eh bien ! si le drapeau de la République pèse trop lourdement dans vos mains, c'est peut-être parce qu'il est trop chargé d'idéal pour vous. Laissez des mains plus jeunes le prendre ; vous, vous êtes écrasés sous le poids des situations officielles que la République vous a données; nous, il n'y a rien qui pèse sur nos épaules; nous n'avons rien reçu de la République, et nous avons le droit de tenir le drapeau de la République, parce que n'ayant rien reçu d'elle. nous pouvons dire que nous l'aimons d'un amour désintéressé. » (*Vifs applaudissements.*)

Voilà simplement, mes chers camarades, la réponse **que je voulais** faire. J'espère qu'elle sera comprise du pays : j'en ai l'intime conviction. Déjà on se dégoûte de ces luttes religieuses qui viennent sur un terrain où elles ne devraient pas pénétrer — et là nous sommes complètement d'accord, mon contradicteur et moi, — sur le terrain de la politique. Déjà, non seulement dans les milieux catholiques, mais dans les autres milieux, on en a assez de ces déviations auxquelles toutes les questions sont bientôt soumises par des professionnels de l'anticléricalisme ou du cléricalisme. C'est tout à fait le même procédé, il n'y aurait pas d'anticléricaux s'il n'y avait pas de cléricaux, et il n'y aurait pas de cléricaux s'il n'y avait pas d'anticléricaux (*rires*); et les anticléricaux seraient désespérés s'il n'y avait plus de cléricaux, de même que les cléricaux seraient désespérés s'il n'y avait plus d'anticléricaux. (*Rires.*)

Il faudrait laisser ces Messieurs se battre dans un coin et continuer la bonne marche en avant sur le terrain républicain et démocratique en se passant d'eux; et vous verriez que bientôt ils en auraient assez de ce petit jeu et que les uns comme les autres, gardant leurs convictions religieuses ou, hélas ! leurs convictions irréligieuses, n'essaieraient pas de dénaturer les débats en y mêlant des considérations étrangères.

Chaque fois qu'une question politique toucherait à une question religieuse — car, mon cher contradicteur, il y a des cas où les questions politiques touchent aux questions religieuses; on ne peut pas l'empêcher puisque l'Eglise est une société qui vit, qui a des membres et que ces mêmes membres sont des citoyens français — ce que je demande simplement, c'est qu'alors, catholiques d'un côté et républicains libres-penseurs de l'autre, essaient de les résoudre avec le désir d'être d'accord.

Je crois que cela sera facile. Dans tous les cas, les catholiques qui veulent qu'on arrive à se mettre d'accord, de même que les libres-penseurs qui veulent qu'on arrive à se mettre d'accord devraient commencer par se tendre une main fraternelle et faire une politique qui serait à la fois respectueuse de la sincérité avec laquelle chacun adhère à ce qu'il croit la vérité, et surtout ardemment démocratique et pratiquement républicaine.

En somme, la meilleure façon de sortir la République du maquis des débats religieux ou irréligieux, c'est d'aller de l'avant et de faire du bon travail social. Lorsque la République sera pratiquement démocratique, soyez convaincus qu'il y aura là un tel élan et un tel mouvement national que, bien loin de chercher à se quereller sur des questions de religion, chacun cherchera à donner tout ce qu'il peut de force à l'œuvre commune. Par conséquent, s'il trouve des forces dans sa morale particulière ou dans sa religion, il mettra cela aussi au service de l'idée nationale commune. C'est exactement ce qui se passe en temps de guerre. Je n'ai pas vu que, pendant la guerre de 70, les soldats protestants, que les soldats catholiques ou que les soldats libres-penseurs ne bivouaquaient pas ensemble et ne combattaient pas sur les mêmes lignes. J'ai vu toujours au contraire qu'ils rivalisaient d'ardeur pour se dévouer davantage et mieux mourir pour leur pays. (*Vifs applaudissements prolongés*)

Du même au même

M. Paul Razons prend une seconde fois la parole pour proposer une organisation de l'Eglise de France qui faciliterait, croit-il, les rapports du gouvernement et du clergé. Voici la riposte de Marc Sangnier.

L'idée que l'on vient de vous soumettre est peut-être fort intéressante; mais il me semble qu'elle rentre dans l'ordre des questions dans lesquelles la politique n'a rien à voir. Que l'Eglise catholique soit organisée de telle ou telle façon, cela peut intéresser même ceux qui ne sont pas catholiques; cela peut même avoir une répercussion sur la vie politique de la nation — je conviens même de cela, — mais je dis que cela ne dépend pas du monde politique. De même, le pouvoir religieux peut parfaitement bien trouver plus commode de traiter avec un roi qu'avec une république; mais vous seriez le premier à protester énergiquement si (comme, hélas! quelques membre du clergé le font parfois,) on venait dire qu'au nom de la tradition, il faut préférer la monarchie à la république; vous diriez : « Non! vous pouvez, vous, prêtres ou évêques, dire que ce serait plus commode qu'il y ait un roi ou une république, mais vous devez respecter cette liberté du pouvoir civil de se constituer comme il l'entend. »

Voilà, je crois, comment se pose la question. D'ailleurs, pour moi, c'est bien plutôt une affaire de tempérament à réformer qu'une affaire d'organisation à changer. Je crois que si, les choses étant ce qu'elles sont, nous avions d'autres mœurs, si nous avions le désir d'être d'accord, au lieu d'avoir l'impérieux désir de continuer à être en désaccord, je crois que les choses iraient beaucoup mieux. Mais pour cela que faut-il ? Il faut qu'il y ait des républicains qui soient à la fois de sincères catholiques et des catholiques soient à la fois de sincères républicains et d'ardents démocrates.

Voilà la solution du problème. En France, si nous avons de nombreux catholiques qui sont républicains, non pas pour faire plaisir au Pape comme au temps du Ralliement, non pas par opportunité de défense religieuse, mais par conviction, par volonté, par besoin, par nécessité, je crois que le problème sera résolu. Seulement, il y aura un double effort à faire : convaincre les républicains officiels non-catholiques que ces républicains-là, quoique catholiques, sont aussi bons républicains — quelquefois même meilleurs républicains que les autres, puis se passer du concours des vieux républicains s'ils ne veulent pas comprendre cela; et faire reconnaître aux catholiques non républicains que les républicains catholiques sont aussi bons catholiques — sinon quelquefois catholiques meilleurs que les autres. Au fond, c'est extrêmement simple; mais je crois que c'est cela qui est indispensable, nécessaire, et j'ajouterai volontiers, comme on dit en mathématiques, suffisant.

C'est ce que Léon XIII a essayé, ce qu'il ne pouvait pas faire lui-même parce que cela ne peut pas se décréter. On ne peut pas décréter qu'il y aura en France des hommes qui seront à la fois de bons catholiques et d'ardents républicains. Léon XIII pouvait seulement briser cette sorte de tradition qui rattachait automatiquement, au fur et à mesure qu'ils naissaient, les jeunes catholiques aux partis déchus; c'est ce que Léon XIII a fait : c'est le germe jeté en terre.

Le résultat, quel sera-t-il ? J'espère qu'on le verra bientôt; et j'espère que mes camarades et moi nous pourrons servir pour quelque chose dans cette démonstration que nous croyons qui sera faite. (*Vifs applaudissements*)

A un socialiste unifié qui aime la théologie

M. Pietry, socialiste unifié, vient lire des fragments de la lettre du Pape Pie X sur le Sillon.
Marc Sangnier répond ainsi :

Je suis étonné du soin qu'a pris mon contradicteur de mon orthodoxie puisqu'il dit qu'il laisse chacun libre de croire ce qu'il veut. Il est vrai qu'après vous avoir apporté cette affirmation, il ajoute simplement : « J'attaque l'Eglise ». (*Rires.*)

Si, usant de la liberté de croire que vous m'avez reconnue, j'arrive à cette conclusion que l'Eglise catholique est d'institution divine, me laisserez-vous croire cela ? Non, car si vous me laissez croire cela, et si, du même coup vous attaquez l'Eglise tout simplement, c'est donc bien dire que vous ne me laissez croire à l'Eglise que pour avoir plus facilement la joie de m'attaquer en attaquant l'Eglise. (*Applaudissements.*)

Je ne vois pas comment nos adversaires libres-penseurs et anticléricaux parviendront jamais à sortir de ce dilemme. Je vois très exactement, moi, comment je puis concilier mon respect de la parole pontificale avec ma propagande actuelle qui se développe — si vous avez lu l'Encyclique, vous avez dû la lire jusqu'au bout — sur le terrain de la politique et de l'économie pure que le Pape enseigne aux évêques qu'il faut laisser libre à l'action de ceux qui veulent s'y donner. Je crois que si c'est justement sur ce terrain que nous nous plaçons, nous pouvons donc bien agir en toute sûreté de conscience.

Il me resterait, pour être complet, à vous expliquer la lettre du Pape; mais j'aurai garde de le faire, car, je le dis sans amertume, il m'a été rappelé, dans cette même lettre, que je n'avais pas à parler au nom de l'Eglise, et que si je voulais développer mon activité, je n'avais qu'à le faire comme simple citoyen français.

Quoiqu'il en soit, camarades, ce qui est très intéressant dans la contradiction que vous venez d'entendre, c'est que celle-ci s'est uniquement développée sur le terrain religieux (et non pas sur ce terrain politico-religieux que nous ne pouvons pas éviter puisque les questions politiques viennent toucher aux questions religieuses lorsqu'il s'agit des rapports de l'Eglise et de l'Etat), mais sur le terrain proprement religieux.

J'ai répondu sur ce point par pure condescendance parce que je crois que cela ne regarde pas ceux qui ne sont pas catholiques. Si je n'avais pas l'ardent désir d'amener tous les hommes à ma foi — et peut-être un jour vous-même — je n'aurai pas pris la parole sur ce point; mais je ne désespère pas d'un homme tant qu'il est en vie, parce que je considère que mon catholicisme, qui est bon pour moi, est bon pour tous. (*Applaudissements.*)

Je prendrai maintenant le point central de la contradiction qui a été faite non plus à mon attitude de catholique fidèle et sincère, mais à mon attitude de citoyen.

Voici le point : « Un catholique, avez-vous dit — et ceci rentre exactement dans le problème que nous traitons ce soir — un catholique ne doit rien céder de la vérité, — ce sont vos propres expressions. Donc, pas de conciliation possible, car, avez-vous dit encore, il n'y a pas de conciliation sans concessions. Un catholique ne peut pas faire preuve de conciliation. Pas d'apaisement religieux; pas de réconciliation nationale ! » Je crois avoir bien suivi votre argumentation.

Camarades, il ne s'agit pas de faire des concessions. Combien de fois me suis-je expliqué ? Il ne s'agit pas de se réconcilier en amputant nos idées de ce qui dépasse la commune mesure; il ne s'agit pas de décapiter les idées comme Tarquin faisait des pavots dans son jardin. Il s'agit au contraire de garder intégralement toutes ses idées; seulement, de se rendre compte qu'il y a des hommes qui vivent à côté de nous et qui ne les partagent pas, de se rendre compte ensuite qu'il y a pourtant des devoirs communs que nous devons remplir fraternellement avec ces hommes. Une fois que l'on s'est rendu compte de ces deux choses, la solution est proche; je dirai qu'elle est immédiate, qu'on ne peut pas hésiter sur la résolution à prendre. S'il y a des hommes qui ne pensent pas comme nous, nous ne pouvons pas les forcer à penser comme nous; mais si cependant nous avons des devoirs communs à remplir vis-à-vis de ces hommes, je dis que nous devons les remplir en évitant tout ce qui peut, en mettant à nu nos conflits de doctrine ou d'idées, nous empêcher de les remplir fraternellement. Dans une même famille, lorsqu'un fils ne pense pas au point de vue philosophique comme son père, est-ce que vous admettez que le père n'a plus de devoirs à remplir vis-à-vis de son fils ou le fils vis-à-vis de son père? Que ce soit un cas douloureux, certes, j'en conviens ! et soyez convaincus que personne plus que moi ne désire la réconciliation nationale dans l'unanimité morale et religieuse !

Lorsque je vois un de nos contradicteurs, et quelquefois un de nos amis, venir vanter la richesse de cette diversité morale et religieuse qui met côte à côte dans un même pays des hommes pensant différemment sur les questions les plus poignantes, les plus angoissantes qui puissent se poser devant l'âme humaine, je ne puis pas ne pas sourire tristement et ne pas me dire que tous ces conflits seraient plus vite apaisés si nous reconnaissions tous la même vérité morale et la même vérité religieuse. Mais puisque cela n'est pas, pourquoi venez-vous toujours, vous et ceux qui parlent dans le même sens que vous aux tribunes de nos réunions, faire remarquer que nous ne sommes pas d'accord ? Nous ne le savons que trop; nous n'en souffrons que trop cruellement ! Il s'agit non pas de répéter toujours que nous ne sommes pas d'accord au point de vue religieux, mais de chercher à découvrir ce que nous pouvons faire ensemble, étant donné que nous ne sommes pas encore d'accord au point de vue religieux. (*Applaudisements.*)

Que pouvons-nous faire ensemble ?

Nous avons devant nous un magnifique champ d'activité démocratique sociale et politique. On a tout à l'heure parlé de l'Amérique. Voici bien un pays où on est plus divisé encore qu'en France au point de vue moral et philosophique, car en Amérique, vous avez un confluent de races, un confluent de traditions, et non pas seulement une diversité de religions et de philosophies. En Amérique, vous avez ce qu'il y a de plus divers, de plus épars, de plus contradictoire; et cependant on est arrivé à une certaine bonne entente commune. Ce n'est pas la perfection, mais c'est déjà quelque chose; et cela permet, remarquez-le bien, aux hommes, non pas de diminuer leurs idées philosophiques ou religieuses, mais au contraire de pouvoir sans danger les proclamer, les professer publiquement. Où voit-on, en vérité, des manifestations religieuses plus magnifiques qu'en Amérique ? Où les libres-penseurs ont-ils pour leur philosophie possibilité plus large de se développer qu'en Amérique ? S'il en est ainsi, c'est parce que les hommes se respectent mutuellement et parce que la nation américaine cherche à rassembler dans son sein toutes les valeurs qui sortent de son sol.

En France, il n'en est pas de même. Tout à l'heure, je commençais mon discours en parlant du comte Albert de Mun. J'aurais pu multiplier les exemples à l'infini. En France, on cherche à se passer de toutes les énergies qui ne sont pas marquées de l'estampille de l'athéisme officiel. Regardez le choix des ministres pour les décorations; c'est peu de chose, mais c'est caractéristique. Les ministres disposent des décorations arbitrairement; regardez le choix qu'ils font des élus. Ce sont toujours ceux qui sont dans leur nuance, dans leurs idées. Pourquoi cela ? Pourquoi n'essaierait-on pas de se réunir et de se grouper en vue d'un travail commun ?

C'est ce que nous proposons; mais je sais camarades, qu'il faudra longtemps avant d'y parvenir. Aussi mon idée n'est-elle nullement de créer demain le parti nouveau qui sortira peut-être de la fraternelle collaboration de mouvements très différents. Aujourd'hui, j'ai simplement l'intention de grouper mes amis, c'est-à-dire l'immense majorité de ceux qui sont dans cette salle, de former en France quelque chose de solide, de résistant, de très homogène, de très unanime, de très résolu à travailler, à collaborer avec des gens moins homogènes et moins actifs que nous.

Quand nous aurons fait cela, je dis que non seulement nous aurons servi la cause de nos idées propres, mais encore l'intérêt du pays et que des hommes, même très différents de notre tempérament moral et religieux, devront nous en savoir quelque gré, parce que si de leur côté, ils faisaient comme nous, s'élèveraient bientôt des points les plus divers de l'horizon, comme les assises de l'édifice futur; il ne resterait plus qu'à y poser les voûtes et on serait étonné de voir avec quelle rapidité la grande maison de la démocratie humaine se serait élevée sur le sol de la France. (*Vifs applaudissements.*)

Du même au même

Une deuxième intervention de M. Pietry, sur le socialisme, M. de Mun et l'Eglise, lui attire cette réponse à laquelle ses interruptions ont encore ajouté quelque vigoureuse précision.

Il me semble qu'il y a passablement de confusion (*Rires*) dans les quelques paroles que vous venez d'entendre. Tout d'abord, je n'accepte pas ce que l'on est venu vous dire que je me trouvais sur le même terrain que le socialisme. De quel socialisme s'agit-il? Du socialisme romantique, sentimental, de celui dont on est venu nous dire que le comte Albert de Mun faisait partie? Oui, car je crois que tout homme de cœur est socialiste au sens que l'on veut donner à ce mot. Socialiste au sens du parti unifié? Mille fois non, et je dois avouer que je considère que le parti unifié cause le plus grand tort non seulement à la France, mais même à l'idée socialiste en France. (*Applaudissements*)

Le parti unifié a réalisé une sorte d'embrigadement autocratique qui n'a pas même eu la fierté de rester fidèle à son propre drapeau et qui, alors qu'il fulmine violemment contre les radicaux, ceux du centre et ceux de la droite, accepte toutes les confusions et tous les coups de pied pour ne pas se brouiller avec les violents du syndicalisme libertaire. (*Applaudissements*)

Pourquoi je crois que le parti socialiste a fait du mal à la cause prolétarienne? C'est mon idée; nous pourrions la discuter dans d'autres réunions...

M. PIETRY. — Puisque vous attaquez le socialisme unifié, je serai obligé de vous répondre.

MARC SANGNIER — Je dis moi que c'est m'attaquer que de prétendre que je me place sur le même terrain que le socialisme unifié. (*Applaudissements*)

M. PIETRY. — Vous avez des prétentions que je ne soupçonnais même pas; vous tâchez de planer à des hauteurs que les autres ne peuvent pas atteindre. (*Rires*).

MARC SANGNIER. — Je crois qu'il est facile de planer au dessus du socialisme unifié. (*Applaudissements*)

Si j'avais considéré que le socialisme unifié représentait ce qui était nécessaire à l'ascension du prolétariat, je me serais fait tout simplement socialiste...

M. PIETRY. — Il ne peut vous attirer, ni la plupart de ceux qui sont ici.

MARC SANGNIER — C'est précisément ce que je pense. (*Rires*)

Vous me permettrez de parler avec une franchise un peu brutale. Ce que je considère comme une flétrissure pour le parti socialiste, c'est que vous puissiez dire qu'il n'est pas capable de représenter mes intérêts, alors que mes camarades savent quels sont mes intérêts, alors qu'ils savent que ce sont ceux de la justice et de la fraternité! (*Applaudissements*)

Le socialisme unifié est avant tout un parti de classe, un parti dont les orateurs, même les plus modérés, disent à la tribune, comme ce brave et naïf Compère-Morel : « Même lorsque les ouvriers ont tort, nous avons le devoir, nous, députés unifiés, d'être avec les ouvriers... »

M. Pietry. — Parfaitement.

Marc Sangnier. — Quand on soutient cela, on fait du tort à l'idée de justice; on fait tort au prolétariat et à la cause des ouvriers. (*Vifs applaudissements*)

Vous avez dit, non sans justice, que je m'adressais à de nombreux ouvriers; vous avez peut-être lu autrefois des statistiques qui montraient que, parmi les camarades qui veulent bien collaborer avec moi, il y a 84 prolétaires sur 100. Et bien, je dis et je répète que c'est notre gloire et notre fierté de ne donner raison qu'à ceux qui ont raison comme tort à ceux qui ont tort et que, si un seul des camarades ouvriers qui marchent avec moi savait que je suis avec les ouvriers même quand ils ont tort, que je marche avec eux contre ceux qui ont raison, il dirait

que je ne mérite pas qu'il me suive. (*Applaudissements.*)

Vous avez dit autre chose à quoi il faut
que je réponde. Vous m'avez demandé ce que
je ferais si jamais un blâme de Rome venait
m'atteindre. C'était intéressant de me demander cela, il y a deux ou trois ans; ça l'est
beaucoup moins aujourd'hui car vous avez
vu ce que j'ai fait. Je pourrais le répéter,
je le referais si j'avais à le faire. (*Applaudissements*)

M. PIETRY. — Ce n'est pas engageant pour ceux
qui vous suivent.

MARC SANGNIER. — Ceux qui me suivent
n'auraient pas beaucoup d'estime pour moi
si je tenais un autre langage. S'ils m'esti-
ment, c'est précisément parce que je tiens
ce langage.

Et qu'ai-je fait après la lettre du Pape?
Ai-je montré que le Pape entendait d'un fron-
cement de sourcils, m'interdire l'action républicaine? Ai-je montré que Rome entendait as-
servir les catholiques sur le terrain temporel
que jusqu'à présent les catholiques avaient
cru laissé libre à leur activité de citoyens?
J'ai montré justement le contraire. J'ai montré qu'on pouvait être le plus fidèle enfant
de l'Eglise et accepter avec vénération et
reconnaissance les exhortations même les
plus dures et les plus pénibles lorsqu'elles

venaient de la bouche auguste du Chef des fidèles, mais que l'on pouvait cependant se retrouver droit et fier aux mêmes tribunes, parler encore et toujours de République et être d'autant plus ardemment résolu à combattre pour cette cause que l'on se sentait mieux épuré par l'épreuve et mieux fortifié par le sacrifice. (*Vifs applaudissements*)

Je ne vois pas, camarades, quel intérêt il y aurait pour vous à ce qu'encore une fois je vous redonne cet exemple, à ce qu'encore une fois l'Eglise vous apporte la preuve qu'elle entend respecter la liberté politique et economique de ses enfants. Mais si vous tenez absolument à ce qu'on vous administre encore une fois cette preuve sur mon dos, j'accepterai de recevoir quelques coups, si ces coups peuvent avoir au moins le mérite rare et difficile de vous éclairer complètement sur ce problème angoissant. (*Applaudissements.*)

Mais ce que je constaterai en terminant, c'est qu'à chaque fois, lorsque je parle, non pas de fusion de tous dans un même parti — je vous ai dit pourquoi cela me semblait impossible et pourquoi je ne le voulais pas — mais de plus de fraternité entre les partis et entre les hommes, mais de mœurs républicaines plus vraiment libérales et plus fraternellement et ardemment démocratiques, —

toujours, j'ai soulevé les querelles les plus bizantines qui seraient de nature à intéresser de vieux chanoines dans quelque séminaire lointain de province (*Sourires*). Toujours, vous allez chercher des histoires de cette sorte; tandis que nous, nous croyons qu'il y aurait intérêt à ne pas tant en parler; non pas que cela nous gêne! car, généralement, c'est ce qui nous permet de développer le plus avantageusement notre point de vue personnel; — mais je crois que cela retarde l'action que la France a'tend. La France a besoin que l'on travaille pour elle, la République a besoin de tous ses enfants; même si je n'étais pas catholique, même si j'étais libre-penseur, même si j'étais hostile à l'Eglise, je réclamerais encore que la République fût ouverte aux catholiques, au nom des intérêts de la France, et parce que la République n'a pas trop de tous ses enfants.

Vous avez fait tout à l'heure un éloge extraordinaire dans votre bouche du comte Albert de Mun. Vous avez peut-être oublié que le comte Albert de Mun, quand il s'était rallié à la République, l'avait fait par discipline religieuse. Vous avez peut-être oublié que le comte Abert de Mun n'était pas républicain de naissance comme nos amis et comme nous, républicain de tempérament, républicain de passion, mais qu'il l'était uniquement par condescendance pour l'influence même temporelle d'un Pape. Comment se fait-il que vous trouviez si admirable cette discipline religieuse lorsqu'elle rend constitionnel le comte Albert de Mun et que vous ne l'acceptiez pas lorsque, non pas sur un terrain politique, — je vous l'ai démontré, — mais sur un terrain proprement religieux, elle courbe l'obéissance de nos amis devant la parole du Pape?

Ce que nous demandons, c'est que la République soit assez large, soit assez accueillante, assez aimable pour que des hommes comme M. le comte Albert de Mun ne puissent pas ne pas venir à elle. Je sais bien que M. de Mun est allé vers la République; mais il s'est repris bien vite et, avec Léon XIII le républicanisme de M. de Mun est bien près de disparaître, lui aussi. C'est un peu de la faute de M. de Mun; mais, à coup sûr, c'est beaucoup de la faute des républicains officiels qui n'ont pas voulu ouvrir suffisamment la République, qui ne se sont pas fait une gloire d'attirer à la République tous ceux qui étaient un honneur pour la France. Un homme que beaucoup ont considéré comme une sorte de condottiere, un homme qui cependant a laissé un nom illustre dans l'histoire de la France et dans celle du monde,

Napoléon agissait tout autrement. Napoléon tenait à s'entourer de ce qu'il y avait de plus glorieux dans les descendances de la vieille noblesse française ; il tenait à ramasser l'histoire de la France autour de lui parce qu'il se savait assez grand pour ne pas la défigurer. Nos républicains devraient ramasser tout ce qu'il y a de grand et de noble dans la France, et s'ils ne le font pas, c'est parce qu'ils ne sont pas assez grands pour cela. (*Applaudissements*)

C'est toujours à cela, camarades, que nous aboutissons. Jaurès est un grand orateur et quelquefois un grand penseur, quoiqu'on puisse dire et bien qu'il soit socialiste unifié. (*Rires*) C'est une humilité qui m'étonne et quelquefois je l'admire d'être socialiste unifié... Jaurès disait : « La République, c'est un grand acte de confiance ». Je trouve qu'on ne saurait pas mieux la définir.

Pourquoi la République traverse-t-elle une crise ? C'est parce que les républicains officiels n'ont plus confiance dans la République. Alors, ils sont facilement persécuteurs et lâches, lâches devant ceux qu'ils redoutent, persécuteurs devant ceux qu'ils n'ont pas à craindre, tour à tour tyranniques et timides... La timidité est toujours conseillère de brutalité, n'est-il pas vrai ! On ne sait, même dans la vie privée, de quoi peuvent se rendre capables les gens trop timides... des pires grossiéretés; et lorsqu'il s'agit du gouvernement, des pires oppressions et des plus coupables tyrannies.

M. PIETRY. — Vous trouvez le gouvernement trop timide.

MARC SANGNIER. — Je trouve que nos gouvernants sont étrangement timides en face de l'idée républicaine d'une part, et en face d'autre part de tous ceux dont ils craignent une surenchère démagogique. Nos gouvernants nont pas peur de quelques humbles pauvres religieuses *(Applaudissements)* ... mais nos gouvernants ont peur des républicains de gauche et de votre parti unifié — car on a très peur du parti unifié dans les milieux gouvernementaux.

M. PIETRY. — On n'en a pas assez peur ! *(Rires.)*

MARC SANGNIER. — Pas assez à votre goût, un peu trop au mien, n'est-il pas vrai! Le gouvernement a presque aussi peur du parti unifié que le parti unifié a peur de la *Confération Générale du travail (Applaudissements)* et que la Confédération Générale du Travail a peur de la *Guerre Sociale, (Applaudissements et rires)* que la Guerre Sociale a peur de la *Sureté Révolutionnaire (Rires)* et que la Sureté Révolutionnaire a peur de quelques mouchards qui peuvent y entrer *(Applaudis-*

sements; *hilarité prolongée)* !... Cascade de pusil'animité !... C'est effrayant, quand on est au fond et qu'on reçoit tout cela sur son dos. *(Applaudissements)* Cascade de lâcheté! J'ai bien raison de dire que nos gouvernants ont peur.

Je dis que cela est regrettable; et, encore une fois, ce que nous voudrions, c'est une République où tous les Français puissent se réconcilier. Pour cela, il faudrait que les hommes au pouvoir la fissent ouverte et accueillante et que les hommes qui ne sont pas au pouvoir s'installassent de prime abord dans la République, non pas comme dans la maison du voisin, mais comme dans leur maison. Il ne faut pas demander qu'on nous fasse une place dans la République : il faut occuper dans la République la place qui est la nôtre de par notre droit de naissance. *(Applaudissements)*

Quand nous aurons fait cela, nous aurons servi la cause de la République. Quand ceux qui pensent comme nous, qui veulent comme nous se seront réunis à nous, se seront groupés dans une Ligue pour une action économique et politique, je crois alors que nous serons capables d'une action qui sera peut-être faible comme nombre au début mais qui sera intense. J'aime mieux que'ques hommes d'énergie, de valeur et peut-être un jour au Parlement quelques représentants capables de dire intégralement ce que pensent, sentent et veulent nos amis, qu'une masse de gens qui sont bons pour les marécages du centre, qu'une masse de gens qui ne savent ni ce qu'ils veulent ni ce qu'ils pensent, qui sont des moutons dociles pour toutes les combinaisons ministérielles, à condition qu'elles ne soient pas trop brutales.

Voilà, mes chers camarades, l'œuvre que je vous propose. Dans quelques semaines, s'il plaît à Dieu, nous vous apporterons le programme de quelque chose de précis, de pratique, d'immédiatement utile. J'espère pouvoir compter sur vous, et en attendant, laissez-moi demander à tous nos camarades, à nos jeunes camarades comme à ceux qui, plus agés, se sentent des âmes ardentes et qui voudraient prendre part à la propagande du journal, à la vente criée d'après-demain dimanche, de se réunir immédiatement après la réunion dans la salle des conférences de *La Démocratie*, 38, Bd Raspail. Nous leur donnerons quelques explications pour la vente criée de notre journal. Nous voulons en effet qu'il soit non seulement une petite feuille que nos 9.000 abonnés lisent tranquillement, mais qu'il soit un drapeau qu'on agite dans la rue et dont le nom seul ait déjà des résonnances de victoire.

Imp. de la *Démocratie*, 32, Bd Raspail, Paris.

LIBRAIRIE DE "LA DÉMOCRATIE"

32 et 34, Boulevard Raspail, Paris (VIIe)

MARC SANGNIER

	PRIX	FRANCO
Aux Sources de l'Éloquence, lectures commentées (9e édition), Bloud, éditeur	4 »	4 »
Discours, Bloud, édit., t. I 1891-1906	5 »	5 »
t. II 1906-1910	5 »	5 »
L'Esprit démocratique (7e édition), Perrin, éditeur	3.50	3.50
La Vie Profonde, édition de *La Démocratie*, 1 vol. in-8°	3.50	3.50
L'Avenir de la Démocratie (Paris 1903) 23e mille	0.10	0.15
Les Droits de la Conscience Bordeaux 1909) 10e mille	0.10	0.15
Qui fera la Démocratie ? (Paris 1908) 10e mille	0.10	0.15
Armée et Patrie, discours et contradiction, 10e mille	0.25	0.30
Le Syndicalisme devant la République, discours et discussion, 5e mille	0.25	0.30
Un parti nouveau est-il possible en France ? 4e mille	0.30	0.35
La Démocratie, discours du Manège du Panthéon	0.50	0.60
Dans l'Attente et le Silence	0.50	0.60